Decamps. Cᵗᵉ Godmill. 1866

Delacroix.

COLLECTION
DE
TABLEAUX
MODERNES

EXPOSITION
Le Dimanche 22 Avril 1866

VENTE
Le Lundi 23 Avril 1866

Mᵉ Ch. PILLET, Commissaire-Priseur
M. Francis PETIT, Expert

PARIS, IMPRIMERIE DE PILLET FILS AINÉ
5, RUE DES GRANDS-AUGUSTINS.

CATALOGUE

D'UNE REMARQUABLE RÉUNION DE

TABLEAUX

MODERNES

DONT LA VENTE AURA LIEU

HOTEL DROUOT, SALLE N° 5

Le Lundi 23 Avril 1866

A DEUX HEURES ET DEMIE PRÉCISES

Par le ministère de Me **CHARLES PILLET**, Commissaire-Priseur,
rue de Choiseul, 11,

Assisté de M. FRANCIS **PETIT**, Expert, rue de Provence, 43,

Chez lesquels se trouve le présent Catalogue.

EXPOSITION PUBLIQUE

Le Dimanche 22 Avril 1866, de une heure à cinq heures.

CONDITIONS DE LA VENTE

Elle sera faite au comptant.

En sus des enchères, les acquéreurs payeront *cinq pour cent*.

Paris. Imp. PILLET FILS AINÉ, rue des Grands-Augustins, 5.

DÉSIGNATION

BARON

1 — La Partie de boules.

Haut. 80 cent.; larg. 46 cent.

DE BEAUMONT

2 — Samson et Dalila.

Haut. 108 cent; larg. 70 cent

COROT

3 — Pont de Gray.

Haut. 31 cent.; larg. 63 cent

COROT

4 — Paysage en Suisse.

Haut. 45 cent.; larg. 60 cent.

COROT

5 — Village au bord d'un étang.

Haut. 29 cent.; larg. 48 cent.

COURBET

6 — Plage des environs de Trouville à marée basse.

Haut. 60 cent.; larg. 73 cent.

COURBET

7 — Vue de la ville de Saintes.

Haut. 32 cent.; larg. 46 cent.

DAUBIGNY

8 — Bords de la Tamise.

Haut. 38 cent.; larg. 65 cent.

DAUBIGNY

9 — Barrage sur un bras de la Marne.

Haut. 24 cent.; larg. 45 cent.

DAUBIGNY

10 — Les bords de la Marne.

Haut. 17 cent ; larg. 34 cent.

DECAMPS

11 — Femme juive et son enfant.

Haut. 34 cent.; larg. 24 cent.

DECAMPS

12 — Intérieur d'un café turc.

Haut. 31 cent.; larg. 40 cent.

DECAMPS

13 — Mendiant et son singe.

Esquisse.

Haut. 29 cent.; larg. 23 cent.

DELACROIX (E.)

14 — Chevaux arabes à l'abreuvoir.

Haut. 76 cent.; larg. 74 mètre.

DELACROIX (E.)

15 — Étude de cheval.

Haut. 26 cent.; larg. 45 cent.

DELACROIX (E.)

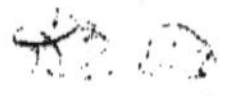

16 — Cheval à l'écurie.

Haut. 17 cent.; larg. 22 cent.

DIAZ

17 — Amour et jalousie.

Haut. 34 cent.; larg. 24 cent.

DUPRÉ (Jules)

18 — Lisière de bois avec animaux.

Haut. 23 cent.; larg. 29 cent.

DUPRÉ (Jules)

19 — Bouquet de chênes près d'une mare.

Haut. 32 cent.; larg. 47 cent.

FICHEL

20 — Le général Bonaparte rendant à Eugène Beauharnais l'épée de son père.

Haut. 32 cent.; larg. 41 cent.

*

FICHEL

21 — Première visite de madame de Beauharnais au général Bonaparte.

Haut. 32 cent.; larg. 41 cent.

FICHEL

22 — Le Retour.

Haut. 37 cent.; larg. 52 cent.

GERICAULT

23 — Esclaves cherchant à dompter un cheval.

Haut. 48 cent.; larg. 58 cent.

GERICAULT

24 — Descente de croix, d'après Rubens.

Vente Delacroix. Haut. 65 cent.; larg. 55 cent.

GIRARDET (Karl)

25 — Vue prise à Feriolo, lac Majeur.

Haut. 34 cent.; larg. 55 cent.

GIRARDET (Karl)

26 — La Récolte du chanvre (Suisse).

Haut. 33 cent.; larg. 55 cent.

HOGUET

27 — Souvenir de Boulogne-sur-Mer.

Haut. 79 cent.; larg. 91 cent.

ISABEY

28 — Jalousie.

Haut. 24 cent.; larg. 19 cent.

29 — Vengeance.

Haut. 24 cent.; larg. 19 cent.

ISABEY (Eugène)

30 — Gros temps sur les côtes de Normandie.

Haut. 28 cent.; larg. 48 cent.

ISABEY (Eugène)

31 — Un jour d'offrande.

Haut. 24 cent.; larg. 20 cent.

ISABEY (Eugène)

32 — Village au bord de la mer à l'approche d'un grain.

Haut. 57 cent.; larg. 44 cent.

JACQUE

33 — Troupeau de porcs sur la lisière d'un bois.

Haut. 90 cent.; larg. 132 cent.

JACQUE

34 — Laboureur, effet du soir.

Haut. 30 cent.; larg. 22 cent.

JONGKIND

35 — Canal glacé à Massluis, Hollande.

Haut. 33 cent.; larg. 50 cent.

KNAUS

36 — La nuit de Noël dans une ville d'Allemagne.

Haut. 95 cent.; larg. 76 cent.

LANDELLE

37 — Les Roses.

Haut. 61 cent.; larg. 50 cent.

MEISSONIER

38 — Un porte-étendard.

Haut. 16 cent.; larg. 12 cent.

MEISSONIER

39 — Un bravo.

Haut. 17 cent.; larg. 31 cent.

MULLER (Ch. L.)

40 — Henry VIII lisant à l'évêque Fischer et à Thomas Morus sa défense de l'église catholique romaine.

Haut. 77 cent.; larg. 105 cent.

MULLER (Ch. L.)

41 — Travail et plaisir.

Haut. 70 cent.; larg. 50 cent.

O' CONNELL (Mme)

42 — Portrait de Rachel.

Forme ovale.

Haut. 91 cent.; larg. 72 cent.

PALIZZI

43 — Brebis venant allaiter leurs petits.

Haut. 48 cent.; larg. 72 cent.

PILS

44 — Chasseur de Vincennes.

Haut. 38 cent.; larg. 48 cent.

REYNOLDS

45 — Vue de Saint-Cloud.

Haut. 28 cent.; larg. 43 cent.

RICQUIER

46 — La Visite au tombeau.

Haut. 50 cent.; larg. 43 cent.

ROQUEPLAN

47 — Le Jaloux.

Ce tableau laissé inachevé par l'artiste a été terminé par A. Stévens.

Haut. 65 cent.; larg. 48 cent.

ROQUEPLAN

48 — Paysage, effet de soleil couchant.

Haut. 24 cent.; larg. 53 cent.

ROQUEPLAN

49 — Moulin à eau sous de grands arbres.

Haut. 90 cent.; larg. 68 cent.

ROQUEPLAN

50 — Paysage près Chartres.

Haut. 45 cent.; larg. 72 cent.

ROUSSEAU (TH.)

51 — Cours d'eau traversant un paysage.

Haut. 19 cent.; larg. 25 cent.

SCHEFFER (ARY)

52 — Tête de Christ.

Esquisse.

Haut. 52 cent.; larg. 42 cent.

SCHEERES

53 — Un forgeron.

Haut. 21 cent.; larg. 26 cent.

TAANMAN

54 — Une pauvre fille, tête d'expression.

Haut. 70 cent.; larg. 58 cent.

TASSAERT

55 — Bethsabée au bain.

Haut. 56 cent.; larg. 46 cent.

TASSAERT

56 — Les petits bûcherons.

Haut. 54 cent.; larg. 46 cent.

TROYON

57 — Animaux traversant un gué au retour du marché.

Haut. 76 cent.; larg. 98 cent.

TROYON

58 — Chevaux à l'abreuvoir près d'un moulin à eau.

Haut. 50 cent.; larg. 62 cent.

TROYON

59 — Paysans emplissant un tonneau d'eau à une mare.

Haut. 33 cent.; larg. 65 cent.

VERLAT

60 — Canards se disputant une proie.

Haut. 65 cent.; larg. 91 cent.

VERSCHUUR

61 — Chevaux de paysans au repos.

Haut. 26 cent.; larg. 48 cent.

WILLEMS

62 — Partie de musique.

Haut. 34 cent.; larg. 26 cent.

ZIEM

63 — Paysage, soleil couchant.

Haut. 42 cent.; larg. 84 cent.

ERRATUM.

Page 7, n° 14, au lieu de 74 mètres, *lisez* 94 cent.

www.ingramcontent.com/pod-product-compliance
Lightning Source LLC
LaVergne TN
LVHW010253230826
846091LV00007B/2948

* 9 7 8 2 3 2 9 4 8 8 0 5 9 *